Sprache
Essenz

Das klare Wort

Sprache
Essenz

Das klare Wort

Sarah Vernon

Text und Gestaltung:
Sarah Vernon

Herstellung:
BoD GmbH, Norderstedt

2005

ISBN 3-8334-2541-5

Inhalt   Seite

1. Sprache Essenz ist Präsenz   11
In grundlegenden Dingen

Gedicht bringt hervor
Was in Oberflächensprache
Sich verlor

Das universelle Gedicht   12
Bildet den Kern der Sprache heraus

Ebenso die Essenz des Lebens:
„Sprache Essenz" ist Vorspann
zu „Poesie des Sein" – in Bd.
Licht der Poesie   13
Der kosmische Lauf

Wahrheit ist volle Klarheit   14
Nie anders kann es sein ...

Jeder das Seine für Wahrheit hält
Es gibt eine Wahrheit
In dir ... Absolute Klarheit
Das wahre Wort gründet   15

Licht des Bewusstseins
Klarsicht ist Weitsicht   16

Die Fähigkeit, auf den Grund zu sehen
Endet nicht an Grenzen des Ich
Klarheit Dinge umfassend erkennt   17
Personen-Ich rahmt und benennt
Weitsicht räumt auf mit Trugbildern
Führt hin zur Aktion
Kraft der Wahrheit   18

Das klare Wort   19

Aus der Wurzel des Sein
Hüllt die Wahrheit ein
Es lässt nicht an sich drehen
Sprache Essenz den Kern belichtet   20
Stets klar unterscheidet
Präzise benennt
Klare Sprache setzt Aktion   21

2. **Sprache – Ausdruckskanal**   22
Banal, doch auch genial

Talent Jeder erkennt   23
Multitalent bewegt sich   24
Genie voller Tatenkraft   25

3. **Alltagssprache obenauf**   26
Nimmt alles in Kauf

Worte sich verbiegen
Das Oberflächenwort
Sprache kennt Verzierung   27
Was dem Vorteil dient
Worte halten sich nicht an eine Form
Alltagssprache verdeckt   28
Führt nicht zur Klarheit
Deine Rede sei ausgewogen   29

Absicht zählt viel ...   30

Erfüllte Absicht das Ziel
Breites Nachrichtenfeld
Erdenkunde
Es ist wichtig, kundzugeben   31
Ohne Ausrichtung es nicht geht
Fluten an Informationen   32
Was kann aus dir noch sprießen?
Absicht stimmt den Kompromiss heiter   33
Wer den Kompromiss liebt

Frei von Absicht 34

**4. Fülle an Worten
Um besser zu verstehen?** 35

 Laufend ändern sich die Dinge
 Angelernte Klugheit dir entflieht 36
 Gescheit gleichzeitig weit?
 Nicht stets der Fall ...

Worte hin und her 37

 Redseligkeit treibt weit
 Im Ellenbogen- Dasein gut gerüstet
 An Worten gesponnen wird 38
 Ich kann nichts mehr hören
 Ein Licht den Nebel durchbricht 39
 Das klare Wort ein heller Ort
 Schöne Worte nicht immer frei 40
 Wer sich selbst reden hört so gern 41
 Dich nicht verirr im Wortgewirr

Ein Jeder denkt sich im Recht 42

 Ansicht zur Sache
 Du erhältst Lehre
 Wenn dir niemand stimmt zu?

Menschen reden 43

 Nach ihrem Verstand
 Mal so und mal so
 Ums eigene Allerlei
 Als ob dies alles sei ...

**5. Kristallklar der Verstand
Dein klares Wesen** 44

 Gedanke nicht hell und klar fließt? 45
 Wer klar spricht, was er denkt

Der klare Gedanke lässt nicht irren 46
Was stimmig in dir ruht
Nimm achtsam dich wahr
Dein nächster Schritt

Gedanken wirken echt 47
Und sind es nicht recht ...

Gedanke sich im Kreis bewegt
Anhaftende Gedanken
Der Moment dir verrinnt? 48
Verstand hält fest
Wandlung ist das Ziel
Der Ich-Aspekt 49
Innere Schranke
Sei mit dir verbunden
Gedankenblitze 50
Bilder kommen und gehen
Flüchtige Wellen nur
Was nicht aufrecht hält

Denken wird klar 51
Der klare Gedanke nicht treibt

Gedanken führe zur Ruh 52
Flüchtigkeit blende aus
Lass dir Zeit
Deine wahre Natur 53
Intuition und Verstand

6. **Trennende Wand zwischen** 54
Intuition und Verstand?

Persönliche Sprache

Das „Ich" betont ...
Grenzen sind Schranken
Worte nicht klar sind
Gefärbt von Emotionen
Gemischte Gedanken sich ranken 55

Verwebte Gefühle
Worte kranken   56
Verstandesinhalte wechselhaft
Speicher-Kapazität   57
Wenn Weite fehlt
Jenes ist lieb, das Andere zuwider   58
Persönliche Erfahrungsschiene
Irrtum ist Teil des Ich-Bestreben   59
Vorlieben und Abneigungen
Wer klar ausgerichtet
Verfällt nicht dem Anschein   60
Klare Sicht stellt alles ins Licht

Nimm dich beim Wort   61
Bilde stets den Kern heraus

Worte sehr mit Maß   62

Sprich wenig
Ohne Oberflächenworte
Jedes Wort sei klar benannt   63
Wenige klare Worte sagen mehr
Meinung   64
Der Urgrund

Ganze Sicht   65
Der Ich-Sicht nicht ausgeliefert

Der Personenstand wird klein
Begrenzten Blick nur liefert
„Ich" fließt in das Ganze ein
Die umfassende Richtschnur   66
Unendliche Fülle

Transparenz schließt auf   67

Klarheit veranschaulicht
Deutlichkeit lässt durch   68
Weitblick ist nicht leer

7. Worte aus der Tiefe   69
Deine innere Natur

Sprache von innen
Klare Stille
Nicht schweigsam   70
Ruhekraft konzentriert
Das klare Wort gebiert

In der Stille versinkt nicht der Wille   71
Das enge Ich überwunden

8. Das schönste Wort   72

Unausgesprochen ...
Das stille Wort weitet sich
Wahre Sprache der Welten

Der Wille   73

Stille ihn erbaut
Willensstark geht autark

9. Wahre Sprache – Botschaft   74

Der Sprache Kern
Das Wort klingt fort   75

10. Stufen des Seins   76
Kommen wie gerufen

Willst du weitergehen?
Mach immer wieder Rast   77
Luftige Höhen   78
Das zarte Schwanken   79
Zwischen Himmel und Erde
Dein Werde ...

Freiheit in dir angelegt   80

1. **Sprache Essenz ist Präsenz**

In grundlegenden Dingen

Gedicht bringt hervor ...

Was in Oberflächensprache

Sich verlor

Das universelle Gedicht

bildet den Kern der Sprache

ebenso heraus, wie

die Essenz des Lebens.

„Sprache Essenz" ist Vorspann

zu „Poesie des Sein" – in Bd.

Ein reiches Nachschlagewerk

spürt den Atem des Seins nach,

entfaltet den Daseinskern

zu ganzer Fülle ...

Poesie

Ein Licht

Die Dunkelheit

Durchbricht

Der kosmische Lauf

Hebt die Schwere auf

Trägt darüber hinweg

Auf den leuchtenden Steg

Wahrheit ist volle Klarheit

Nie anders kann es sein

Unklarheit entspringt

Dem Oberflächen- Bewusstsein

Allein

Wahrheit wird missverstanden

Jeder das Seine für Wahrheit hält

Daneben nichts zählt

Es gibt eine Wahrheit

In dir ... absolute Klarheit

Stimmig mit dem Urgrund allein

Das wahre Sein

Das wahre Wort

Gründet auf Erkenntnis

Handelt im Verständnis

Der Dinge

Nicht danach ...

Ob etwas Vorteil bringe

Licht des Bewusstseins

Klarsicht ist Weitsicht

Endet nicht an Grenzen

Des persönlichen Ich

Die Fähigkeit

Auf den Grund zu sehen

Braucht nicht Worte

Um zu verstehen

Das Oberflächenwort ist klein

Klarheit liegt im Blick allein

Dinge umfassend erkennt

Personen-Ich rahmt und

Umfangreich benennt

Klarheit räumt auf

Mit Trugbildern zu Hauff

Befreit Reaktion

Führt hin zur Aktion

Kraft der Wahrheit

Und der Liebe

Wirkt Klarheit

Über alle Triebe und

Die vergängliche Zeit

Das klare Wort

Stellt sich ein

Aus der Wurzel

Des Sein

Durchdrungen

Vom echten Schein

Hüllt es die Wahrheit ein

Lässt nicht

An sich drehen

Bleibt bestehen

Im kleinsten Detail

Sprache Essenz

Den Kern belichtet

Aufs Wesentliche

Ausgerichtet

Stets klar

Unterscheidet

Nebenposition

Nicht bekleidet

Präzise benennt

Nichts verkennt

Klare Sprache setzt Aktion

Zeigt wahre Richtung auf

Befruchtet den Lauf

Handlung im Wort

Wirkt fort

2.   Sprache

Ausdruckskanal

Banal

Doch auch

Genial

Talent

Jeder erkennt

In seinem Bereich genial

Optimal

Multitalent

Bewegt sich

Auf vielen Bahnen

Als würde es alles erahnen

Wie kommt es dazu?

Stellt Wissen sich ein im Nu?

Alles gelingt

Erfolg es besingt

Genie voller Tatenkraft

Vorbildliche Werke schafft

Ureigener Rhythmus eingestimmt

Hindernisse nimmt

3.   Alltagssprache obenauf

Nimmt alles in Kauf

Worte sich verbiegen

Nach Belieben

Wandlungsfähig wechseln

Und verschieben

Das Oberflächenwort spricht aus

Was nicht in sich zu Haus

Täuscht über den Grund hinweg

Ein befruchtender Steg?

Achtsamkeit auf Worte leg

Sprache

Kennt Verzierung

Und Beschneidung

So manche Form

Der Übertreibung

Was dem Vorteil dient

Der Sprache sich bedient

Worte

Beweglich enorm

Halten sich nicht

An eine Form

Alltagssprache

Verdeckt

Tiefe Fülle

Die in dir steckt

Führt nicht zur Klarheit

Noch zur Wahrheit

Nicht zur Liebe

Stärkt all deine Triebe

Leg deine Rede

Auf die Waagschale

Es fehle dir Gewicht

Das Banale

Klarheit

In sich stimmig

Ausgewogen

Absicht zählt viel

Erfüllte Absicht das Ziel

Welt

Breites Nachrichtenfeld

Zahlreiche Informationen

Sich tummeln

Auch schummeln

Erdenkunde

Dreht unentwegt

Runde

Es ist wichtig

Kundzugeben

Was du erstrebst

Im Leben

Ohne Ausrichtung es nicht geht

Deine Grundeinstellung besteht

Fluten an Informationen

Sich lohnen?

Wie ein Schwall sich

Über dich ergießen

Was kann aus dir noch sprießen?

Absicht

Stimmt den Kompromiss heiter

Schritt für Schritt führt er weiter

Auf der schmalen Ich-Spur

Nicht die wahre Natur

Wer den Kompromiss liebt

Spreu vom Weizen siebt?

Frei von Absicht

Allein Wahrheit und Liebe

Alles Andere hat Triebe

Wahrheit

Belebt den Sinn

Erstrebt nicht

Persönlichen Gewinn

Liebe

Dem Eigenvorteil

Nicht zugetan

Stellt Güte vorne an

4.   Fülle an Worten

Wir horten

Für wen?

Um besser

Zu verstehen?

Laufend

Ändern sich die Dinge

Neues Wissen dir erringe?

Zu anderer Ansicht

Du dich zwinge?

Wahres Wissen nur

Was man mit innerem Auge sieht

Angelernte Klugheit dir

Immer wieder entflieht

Gescheit

Gleichzeitig weit?

Nicht immer der Fall

Obgleich Weite sich zeigt

Überall

Worte hin und her

Meist voller Eigennutz und leer

Der Laute vorne steht

Schnell sind Meinungen verweht

Redseligkeit

Treibt oft weit

Am Kern vorbei

Der tiefe Grund

So manchen Menschen fehlt

Was ihre Art zu reden nicht verhehlt

Im Ellenbogen-Dasein gut gerüstet

Wofür man sich brüstet

Banal sind viele Worte

An denen nur gesponnen wird

Ich kann nichts mehr sehen

Nichts mehr hören

Was kann mich betören?

Ich wünsche nur

Mein bester Freund zu sein

Bin liebend gern allein

Worte leer und schal

Werden zur Qual

Ein Licht

Den Nebel

Durchbricht

Das klare Wort

Ein heller Ort

Schöne Worte

Nicht immer frei von Heuchelei

Nur wenn nichts dahinter steht

Das echte Lebensrad sich dreht

Wer sich selbst

Reden hört so gern

Verfehlt nicht selten

Den Kern

Dich nicht verirr

Im Wortgewirr

Ein Jeder denkt sich

Im Recht

Mit seiner Ansicht zur Sache

Jener sinnt gar auf Rache

Recht nur Ansichtssache?

Deinem Nächsten

Komm nicht in die Quere

Du erhältst seine Lehre

Wenn dir

Niemand

Stimmt zu?

Menschen reden

Nach ihrem Verstand

Der liegt auf der Hand

Menschen reden

Mal so und mal so

Sind froh

Gehört zu werden

Menschen reden

Ums eigene Allerlei

Als ob dies alles sei

5.   Kristallklar der Verstand

Instrument für die Vernunft

Nicht nur Intellektuellen- Unterkunft

Je weniger du einstudiert

Dein klares Wesen ganz natürlich

Reagiert

Gedanke

Nicht hell und klar fließt?

Nicht aus der Wurzel sprießt

Wer klar spricht

Was er denkt

Vom Anschein

Nicht gelenkt

Der klare Gedanke

Lässt dich nicht irren

Noch wird er sich verlieren

Was stimmig in dir ruht

Gedanklich klar und deutlich

Kunde tut

Nimm achtsam dich wahr

So zeichnet sich klar

Dein nächster Schritt

Gedanken

Wirken echt und sind es

Nicht recht ...

Gedanke sich

Im Kreis bewegt

Wieder und wieder

Neu ausgelegt

Anhaftende Gedanken

Ums Gleiche sich drehen

Nicht wirklich sehen

Der Moment
Dir verrinnt
Wenn er vor dir
Und hinter dir
Dinge ersinnt

Verstandesnest
Gesammelte Werke
Verstand hält fest
Nicht wahre Stärke

Wandlung

Das ganze Ziel
Im Menschen steckt
Unendlich viel

Der Ich-Aspekt

Kopfzerbrechen bereitet

Vom Eigenmaß geleitet

Gedanken führe

Ins innere Licht

Und deine Schranke

Zerbricht

Sei tief

Mit dir verbunden

So ist die Trennung

Überwunden

Gedankenblitze

Fegen in jede Sinnesritze

Bilder kommen und gehen

Wieder und wieder verwehen

Was im Moment aktuell

Verliert sich schnell

Flüchtige Wellen nur

Ohne Richtschnur

Flüchtig ist

Was nicht aufrecht hält

Zusammen fällt

Denken wird klar

Wenn wir den inneren Blick klären

Und setzt sich fort in der Sprache

Unserem Ausdruck

Der klare Gedanke bleibt

Niemals in andere Richtung treibt

Gedanken führe zur Ruh

Sieh aufmerksam zu

Wie Gedankenlauf weht

Richtung dreht

Bring dein wahres Wesen heraus

Flüchtigkeit blende aus

Lass dir Zeit

So werden Sicht

Und Denken weit

Ist dein Blick weit
Öffnet dir dieser jederzeit
Fülle an Wahrnehmung

Stimme dich ein nur

Auf deine wahre Natur

Ein unendlich reicher Raum

Nichts hält in Zaum

Alles in dir kann sprießen

Wenn Intuition und Verstand

Sich umschließen

6. **Trennende Wand zwischen
Intuition und Verstand?**

Persönliche Sprache

Lässt wanken ...

Grenzen sind Schranken

Das Ergebnis nicht rein

Ich-Bewusstsein

Jene Worte blind

Welche nicht klar sind

Gefärbt von Emotionen

Das „Ich" betonen

Gemischte Gedanken

Sich ranken

Um Worte

Verwebte Gefühle

Schwanken

In Emotionen

In der Sprache

Scheint auf ...

Was bewegt

Wahres sich regt?

Worte kranken

An unklaren Gefühlen

Und Gedanken

Verstandesinhalte

Wechselhaft und bunt

Geben Worte kund

Speicher-Kapazität

Anschauung sät

Wenn Weite fehlt

Das Menschsein

Nicht beseelt

Klar und licht

Die geöffnete Sicht

Persönliche Sprache

Gibt das Eigene wieder

Jenes ist lieb

Das Andere zuwider

Ansichten und Absichten

Auf ganzer Linie

Gemäß persönlicher

Erfahrungs-Schiene

Irrtum

Gehört zum Leben

Lässt sich schwer beheben

Teil des Ich- Bestreben

Vorlieben

Und Abneigungen

Worte verzweigen

Wer klar ausgerichtet

Verquerung belichtet

Das materielle Wort
Der Natur nach klein
Verfällt dem Anschein

Klare Sicht stellt

Alles ins Licht

Das lichte Wort
Anderer Natur
Spiegelbild des Wesens
Nur

Nimm dich beim Wort

Es trägt sich fort

Worte

Schick achtsam

In die Welt hinaus

Bilde stets den Kern

Heraus

Wohl überlegt

Ob das innere Wort

Dich bewegt

Worte sehr mit Maß

Wenig ist fruchtbar

Das Andere lass

Sprich wenig

Wenn möglich nicht

Mach dir die Stille

Zur Pflicht

Ohne Oberflächenworte

Dein Leben orte

Lass jedes Wort am Rand

Das nicht klar benannt

Wenige klare Worte

Sagen mehr

Als große Rede

Gehaltlos und leer

Meinung

Darf dir nicht wichtig sein

So hüllst du deine Seele ein

Das innere Licht

Die vollendete Sicht

Der Urgrund steht

Hinter den Dingen

Um Erklärungen wir

Vergeblich ringen

Ganze Sicht

Der Ich-Sicht

Nicht ausgeliefert

Welche begrenzten Blick nur

Liefert

Ich fließt in das Ganze ein

Der Personenstand wird klein

Ich weitet die Spur

Orientiert sich an

Der umfassenden

Richtschnur

Streift ab

Die beengende Hülle

Taucht ein

In unendliche Fülle

Transparenz

Raum gefüllt
Mit Blick

Durchblick
Nennt sich
Transparenz

Klarheit
Die Essenz ...
Veranschaulicht
Was verborgen

Aus Schatten
Wird Licht
Ganze Sicht

Deutlichkeit

Lässt durch ...

Hindurch sehen

Transparenz

Schließt auf

Ein klarer Lauf

Hält sich nicht

Im Trüben auf

Nimmt Seitenwege

Gleichfalls nicht

In Kauf

Weitblick ist nicht leer

Stellt nur nichts quer

7.   Worte

Aus der Tiefe nur
Deiner inneren Natur
Von Bestand

Wer auf die Sprache
Von innen hört
Dies nicht stört ...
Durch Oberflächenworte

Das innere Wort
Kein beredter Hort
Klare Stille
Der beflügelte Wille

Innere Sprache

Nicht schweigsam

Sehr lebendig

Und regsam

Ruhekraft konzentriert

Das klare Wort gebiert

In der Stille versinkt der Wille

Fließt in das unendliche Meer

Nicht wirklich verschwunden

Das enge Ich überwunden

8.   Das schönste Wort

Unausgesprochen ...
Nicht festgelegt
Einen Keim in sich hegt

Das stille Wort
Weitet sich immerfort

Stille Worte
Durchdringen das All
Wahre Sprache der Welten
Überall

Der Wille

Beflügelt durch Stille

Empor sich schwingt

Sinfonie der Einheit erklingt

Stille ihn erbaut

Mit leisem Laut

Befähigt seine Stärke

Befruchtet alle Werke

Willensstark

Geht autark

Mit dem stillen Wesen

Fähig, auf dem Grund zu lesen

Willens Taten sind erlesen

9.   Wahre Sprache

Tiefer Schall

Zu hören überall

Botschaft

Trägt der Mund

Gibt Worte kund

Der Sprache Kern

Sich nie verloren

Stets neugeboren

Das Wort klingt fort

Einer neuen Reise entgegen

Alles beginnt sich zu regen

Stufen des Seins

Kommen wie gerufen

Willst du weitergehen
Kannst du die nächste Stufe sehen
Stufe für Stufe geht es hinauf
Des Seins Lauf

Die Treppe wird schmal
Du musst ein Künstler sein
Fast genial
Um dich zu bewegen
Auf unwirtlichen Wegen

Doch kannst du es schaffen

Mach es wie deine Artgenossen

Die Affen

Angle dich von Ast zu Ast

Mach immer wieder Rast

Führt dein Weg durch Dickicht

Ist für Zeiten der Blick dicht

Der Vorhang öffnet sich

Getraue dich weiterzugehen

Nach jedem geschlossenen Akt

Kannst du mehr sehen

Wird die Treppe steil
Bieten sich luftige Höhen feil
Lerne zu fliegen
Den Widerstand zu besiegen

Weiter geht es
Schritt für Schritt
Ein Tritt und
Noch ein Tritt

Plötzlich beginnst du zu fliegen
Die Schwerkraft zu besiegen

Wenn auch
Vorerst in Gedanken
Im zarten Schwanken
Zwischen Himmel und Erde
Dein Werde

Freiheit

In dir angelegt

Flügel bewegt

www.sprache-essenz.de

www.poesie-universal.de